Edmond **DEMOLINS**

DIRECTEUR DE LA « *SCIENCE SOCIALE* »

Quel est le Devoir présent?

Réponse à M. Paul Desjardins

PARIS

LIBRAIRIE DE FIRMIN-DIDOT ET Cie

IMPRIMEURS DE L'INSTITUT, RUE JACOB, 56

1894

Quel est le Devoir présent ?

Réponse à M. Paul Desjardins

TYPOGRAPHIE FIRMIN-DIDOT ET Cie. — MESNIL (EURE).

Edmond DEMOLINS

DIRECTEUR DE LA « *SCIENCE SOCIALE* »

Quel est le Devoir présent?

Réponse à M. Paul Desjardins

PARIS

LIBRAIRIE DE FIRMIN-DIDOT ET CIE

IMPRIMEURS DE L'INSTITUT, RUE JACOB, 56

1894

PRÉFACE.

Je souhaite que cette brochure parvienne à tous les esprits qui cherchent la voie et la vérité au milieu des incertitudes sociales de ce temps. J'ai la ferme conviction qu'ils y trouveront une lumière nouvelle pour se conduire et une force plus grande pour triompher des difficultés de la vie.

La science sociale en effet n'a pas seulement pour objet d'analyser, de comparer et de classer les sociétés humaines, et de déterminer ainsi les lois qui régissent les phénomènes sociaux ; elle a encore un résultat pratique : elle indique les causes de la prospérité et de la souffrance sociale et elle donne ainsi à chacun le moyen de discerner exactement quel est son devoir.

Cela vaut mieux que de se lamenter sur le malheur des temps ou de courir après des chimères décevantes.

QUEL EST

LE DEVOIR PRÉSENT?

RÉPONSE A M. PAUL DESJARDINS.

Cher Monsieur et Ami,

J'avais le plaisir de vous connaître avant la publication de votre brochure, *Le Devoir présent*. Depuis lors, j'ai suivi avec l'intérêt qu'ils méritent vos efforts pour passer de la doctrine à son application, au moyen de votre *Union pour l'action morale*. Enfin, je vous ai vu vous-même à l'œuvre, l'été dernier, au *Summer Meeting* d'Édimbourg, où nous venions tous deux donner des confé-

rences, vous, sur *l'action morale,* moi, sur
la Science sociale. Je vous ai vu, là, véritable
apôtre du relèvement moral, vous faisant
tout à tous et vous donnant sans mesure. J'ai,
dès lors, conçu une réelle admiration pour
vous.

Et cependant, je ne figure pas dans vos
rangs, si ce n'est par ma sympathie. Voulez-
vous me permettre de vous donner publi-
quement l'explication de ma réserve, et de me
donner à moi-même le rare plaisir de causer
avec vous de ces graves questions?

I.

Le but que vous poursuivez est « la paci-
fication de la conscience par la vie meilleure ». Pour amener à la vie meilleure, vous
voulez développer l'esprit de sacrifice et l'a-
mour du prochain. Pour vous, la question

sociale n'est ni d'ordre politique, ni d'ordre social, « mais d'ordre moral et religieux », et, dès lors, le plus efficace moyen de la résoudre est de se changer soi-même d'abord, de « naître à nouveau », comme vous le redites après l'Évangile de saint Jean. Et vous ajoutez : « L'acte charitable initial, ou même le seul acte charitable au fond, est cette détermination par laquelle je renonce à l'égoïsme pour mon propre compte, et me plie à la règle » (1).

Pour résoudre la question sociale, vous voudriez susciter « des hommes vraiment bons, spirituels, des saints ». Il en existe, dites-vous, parmi nous, « mais ces sources vives se perdent isolément dans des sables arides. La société distraite les laisse écouler, et l'esprit public n'en retient rien, du moins visiblement » (2).

(1) *Notre esprit, Union pour l'action morale*, 1ᵉʳ novembre 1894.

(2) *Ibid.*, p. 12.

Vous voulez capter ces sources, les grossir en leur amenant des courants nouveaux.

Vous repoussez cependant le reproche de vouloir proposer une religion nouvelle, d'ajouter une secte à des sectes. « Il ne s'agit pas de creuser un port nouveau pour les âmes, mais simplement de faire monter le flot dans les ports qui existent déjà. Alors ils communiqueront. »

En effet, ce n'est pas une religion nouvelle que vous apportez, car vous n'affirmez aucun dogme, c'est seulement un état d'esprit religieux, une tendance religieuse, que vous opposez au matérialisme et au scepticisme. Vous appelez à vous les membres des diverses Églises et ceux qui sont en dehors des Églises, mais qui éprouvent le besoin d'un appui extérieur pour le combat contre leurs passions. « Quoique nous regardions, dites-vous, tous les fidèles des Églises, qui le sont en esprit, comme nos coopérateurs aimés, les isolés sont nos Benjamins, pour ainsi dire ; ils sont trop à l'abandon » (1).

En somme, vous battez le rappel pour tous ceux qui souffrent de la vie, moralement ou matériellement, et vous voulez fonder, avec eux et par eux, une société nouvelle, une société renouvelée, qui aurait pour base l'esprit de sacrifice, l'immolation de soi-même, de ses passions, de ses volontés et l'amour du prochain.

Vous déclarez, en effet, qu'on « agit sur autrui par cela seul qu'on a opté courageusement pour la vie de l'esprit » (2).

L'esprit de sacrifice, l'immolation de soi-même, l'amour du prochain, en un mot l'action morale, pour emprunter la formule même de votre Association, peuvent-ils produire nécessairement, comme vous l'affirmez, le relèvement de la société, la réforme sociale ?

(1) *Notre esprit,* p. 25.
(2) *Ibid.,* p. 8.

Voilà la question. Voilà toute la question.

Je vais sans doute vous scandaliser et en scandaliser bien d'autres, mais je n'hésite pas à répondre : Non, l'action morale, quelque utile qu'elle soit à l'amélioration de l'individu, n'est pas suffisante pour produire le relèvement social.

Et remarquez que vous n'avez pas devant vous un sceptique, mais un croyant, un homme qui est, je ne dis pas plus vertueux, je ne dis même pas aussi vertueux, je dis simplement plus croyant que vous, plus attaché que vous à une forme religieuse positive, à des dogmes, à une Église. Mon affirmation n'est donc pas inspirée par un sentiment d'hostilité quelconque ; c'est purement et simplement une affirmation d'ordre scientifique, et, si vous voulez bien me suivre, nous allons l'examiner.

II.

Nous avons un moyen bien simple et en même temps bien positif de trancher cette question. Certaines époques privilégiées ont produit des pléiades de saints, c'est-à-dire de ces hommes que vous considérez avec raison comme s'étant élevés au plus haut développement moral, comme ayant donné les plus grandes preuves d'esprit de sacrifice, d'immolation de soi-même, d'amour du prochain. Vous vous tiendriez pour complètement satisfait et pour assuré de notre relèvement social, si vous pouviez faire couler de nouveau et aussi abondammènt cette « source vive » de l'action morale.

Voyons donc les résultats qu'elle a produits.

Cette source a coulé abondamment, elle a

vraiment débordé, pendant les premiers siècles de l'Église; et ce n'était pas seulement
l'action morale qui coulait alors à pleins bords,
c'était le sang même de milliers de martyrs.
Jamais il n'y eut une plus magnifique efflorescence de saints, jamais, peut-être, l'homme
ne s'est élevé plus haut au point de vue moral, au point de vue du sacrifice de soi-même.

Et cependant jamais, peut-être, la société
n'est tombée plus bas. C'est l'époque des Cé-
sars, c'est-à-dire d'un des plus abominables
gouvernements qui se soit imposé à l'espèce
humaine. Jamais l'art d'opprimer savamment
n'a été poussé plus loin. Rarement la misère
humaine, le vice public et privé ont été aussi
intenses. « Où donc et chez quel autre peuple
que les Romains, s'écrie un contemporain, le
prêtre Salvien, trouverons-nous de si grands
maux? Car les Francs ne sont pas si avides;
les Huns sont étrangers à de pareils forfaits;
rien de semblable chez les Vandales et les

Goths. Les Romains même qui vivent au milieu des Barbares ne souffrent pas de pareilles calamités. Aussi ne forment-ils qu'un vœu, c'est de ne jamais être réduits à passer de nouveau sous la domination romaine. C'est pourquoi nos frères désertent nos provinces pour se réfugier auprès des Barbares. Ceux qui ne peuvent transporter leur chétive cabane et leur famille, prennent le seul parti qui leur reste, ils se donnent aux riches ; mais ceux-ci, au lieu de les défendre, ne font que les rendre plus misérables. »

Ces maux étaient anciens, Lactance les avait déjà signalés : « Les champs, dit-il, sont mesurés jusqu'à la dernière motte ; les ceps de vignes et les pieds d'arbres sont comptés, les animaux de toute espèce sont inscrits, chaque tête d'homme est marquée. Le pauvre peuple des villes et des campagnes est rassemblé dans les villes, pendant qu'au dehors se pressent d'innombrables troupeaux d'esclaves. La torture et le fouet retentissent de tous côtés. On vous inscrit pour des biens que vous ne possédez pas. Les malades, les infirmes et les morts sont également portés sur les registres du fisc. »

Contre ces maux sans nombre, des centaines et des milliers d'évêques, de moines, de saints, ont élevé leurs protestations et leur exemple. Ils ont, comme vous, prêché l'action morale et enseigné la morale la plus pure. Et cependant la décadence sociale s'est poursuivie d'un pas accéléré, sans que toutes ces protestations et tous ces exemples l'ait fait dévier un seul instant de sa route vers la décomposition finale.

Et alors les Barbares sont arrivés. Et le miracle que n'avaient pu accomplir tant d'hommes vertueux, tant de saints, ils l'ont réalisé, eux, avec une aisance extraordinaire, sans s'en douter, et en dépit de toute leur brutalité, de tous leurs vices et de tous leurs crimes.

C'est de leur sein que sont sorties les sociétés
modernes, si différentes des sociétés de l'antiquité et si supérieures moralement et socia-
lement (1).

Et vous me ferez l'honneur de croire que
je n'attribue pas ce miracle à leur brutalité,
à leurs vices et à leurs crimes. Je m'expliquerai dans un instant sur la cause de cette
transformation sociale. Pour le moment, je
me borne à constater qu'ils ont fait ce que les
autres n'avaient pu faire et que, pour cela,
ils ont dû, de toute nécessité, apporter avec

(1) On pourrait peut-être objecter que le succès social des
Barbares est dû à ce qu'ils infusèrent à la société romaine
une vie plus simple, à ce qu'ils étaient moins corrompus par
la richesse, et que, dès lors, ils furent plus accessibles à la
prédication morale. Cet argument tombe devant ce fait que
le relèvement social n'a pas coïncidé avec l'arrivée de tous
les Barbares, mais seulement d'une certaine catégorie de
Barbares, qui, précisément, n'étaient ni les plus simples ni
les plus pauvres. Voir cette démonstration dans une publication que fera prochainement la *Science sociale* et que
nous recommandons vivement à nos lecteurs.

eux et en eux quelque chose de puissant, d'ir-
résistible, de plus puissant et de plus irrésis-
tible, au point de vue social, que l'action purement morale.

Un autre échec éclatant de l'action purement morale nous est fourni par l'exemple
de l'Irlande. Vous savez que cette île fut ap-
pelée, au sixième siècle, « l'île des Saints » ;
elle était couverte de monastères et ce fut
même de cette île que partirent la plupart des
missionnaires qui convertirent la Germanie.
Votre *Union pour l'action morale* aurait pu
recruter alors, en Irlande, un grand nombre
d'adhérents, car la préoccupation de « la
vie meilleure » dominait les esprits. Cette île
fut une pépinière inépuisable d'hommes tels
que vous voulez en susciter, « vraiment bons,
spirituels, saints ».

Et leur foi n'était pas un feu de paille,
car elle dure encore; l'Irlande est toujours

la terre classique de l'ardeur religieuse.

Cette vie morale intense aurait dû, d'après vous, assurer à ce peuple une longue et éclatante prospérité sociale. Hélas! vous savez qu'il n'y a eu de long et d'éclatant que sa décadence; elle a commencé au beau milieu de cette effervescence morale et elle dure toujours.

Et, ici encore, n'allez pas croire, je vous en prie, que j'attribue cette décadence à ce développement moral et religieux. Ce serait, de ma part, tomber, en sens inverse, dans la confusion que je vous reproche, confusion qui consiste à vouloir établir une relation nécessaire, de cause à effet, entre les phénomènes moraux et les phénomènes sociaux. Je m'expliquerai sur ce point, car c'est là le nœud même de la question que j'examine.

L'Italie a été aussi, aux treizième et quatorzième siècles, un foyer intense de vie mo-

rale et religieuse, avec saint François d'Assise et sainte Claire, saint Antoine de Padoue,
le bienheureux Joachim de Flore, Jean de
Parme, Fra Salimbue, Jacopone de Todi,
saint Célestin, sainte Catherine de Sienne, etc.
Alors naissent les Ordres des Franciscains et
des Clarisses, qui devaient étonner le monde
par leur pauvreté et leur obéissance, ces deux
vertus que vous tenez en si haute estime.
Ne déclarez-vous pas qu'il est impossible
d'arriver au relèvement social, « si on ne se
montre pas détaché soi-même des objets non
strictement nécessaires »? « On vient en voi-
ture, dites-vous, prêcher au peuple qu'il ne
sert de rien d'avoir des voitures. On répand
ainsi l'envie autour de soi en promenant son
luxe, ses raffinements ; on souligne les diffé-
rences sociales qu'on dit n'être qu'un préjugé... Ainsi nous voici amenés, si nous avons
sincèrement pitié des souffrances du peuple,
à nous détacher nous-mêmes de tout ce qui

rend en apparence une vie brillante et char-
mante. Nous ne pouvons échapper à cette
conséquence; mais, encore une fois, elle est
rude. Il ne s'agit de rien moins que de ren-
verser entièrement l'échelle de nos jugements,
de mettre en haut ce qui était en bas et en
bas ce qui était en haut. Il s'agit d'une conversion totale, en somme... Et cependant,
si l'on n'est pas résolu à cette conversion,
on ne saura que gémir sur le mal comme
un enfant. » Saint François d'Assise aurait
certainement signé des deux mains cette dé-
claration.

Comme vous, il voulait qu'on se « déta-
chât des objets qui ne sont pas strictement
nécessaires » : « Allez, dit-il, ne portez ni
or, ni argent, ni monnaie dans votre bourse,
ni sac, ni deux vêtements, ni souliers, ni bâ-
ton. » Et vous savez avec quel enthousiasme
les disciples lui arrivèrent en foule, si bien
que, neuf années seulement après sa fon-

dation , il put envoyer 5.000 députés au chapitre général tenu à Assise ; ses religieux atteignirent le chiffre prodigieux de 115.000, répandus dans 7.000 couvents. Et je ne parle ni des maisons de femmes ni de la foule innombrable des laïques affiliés au Tiers Ordre.

Si votre appel était entendu par de pareilles multitudes, vous vous croiriez certainement assuré du relèvement social de la France.

Or les faits nous montrent que cette splendide efflorescence morale et religieuse n'a pas eu, au point du vue social, plus d'effet que pour l'Empire romain, ou pour la malheureuse Irlande : la décadence de l'Italie se poursuivit lamentablement, au milieu d'une anarchie politique et d'un désordre des mœurs qui rappelait et faisait presque pâlir ceux de la Rome païenne. La Renaissance ne rendit pas seulement à l'Italie les œuvres littéraires et les chefs-d'œuvre artistiques, mais aussi les mœurs et les vices de l'antiquité. Ainsi, ni l'action, ni l'influence, ni les exemples de l'Italie mystique n'empêchèrent l'effondrement de l'Italie sociale et politique. Et cet effondrement dure encore.

Je ne veux pas multiplier les exemples; il n'y a qu'à se baisser dans l'histoire pour en ramasser. Permettez-m'en un dernier.

Vous professez pour la morale boudhiste une grande admiration et vous avez écrit, pour la louer, des pages ravissantes. Elle est, en effet, fort touchante et fort pitoyable aux faibles, aux humbles, aux opprimés. Mais là n'est pas la question. A-t-elle réussi à résoudre le problème du relèvement social, pour l'Inde et pour les pays de l'extrême Orient sur lesquels son action s'est fait sentir? L'infériorité sociale de ces pays ne se démontre pas : il suffit d'ouvrir les yeux et de voir. Toute la morale boudhiste n'a pu les tirer de là.

2.

Et cet échec de la morale vis-à-vis de l'action sociale est tellement flagrant que vous-même, qui le niez, vous le constatez cependant. C'est la vérité qui sort de votre bouche malgré vous, par la force des choses, plus forte que tout. Voici ce que vous écrivez : « On enseigne bien aux enfants, dans chaque famille et dans chaque école, qu'il faut non seulement être honnête, mais être bon, et faire consister son honneur dans le dévouement : s'il suffisait que la chose fût dite et entendue pour être pratiquée, la conversion du peuple en masse serait vraiment simple. Il existe aussi, en grand nombre, des églises, des temples, des synagogues. Les enfants y entrent comme catéchumènes, et, hommes faits, ils en trouvent toujours les portes ouvertes, s'ils veulent entendre recommander dans la prédication et symboliser par la cérémonie le passage de la vie naturelle à la vie sainte ou véritable.

Des milliers de prêtres dévoués y sont occupés sans relâche. Il semble donc que l'œuvre
à faire, si lourde qu'elle soit, doive être déjà
œuvre faite. Mais avec tout cela l'Évangile
ne règne point; la sagesse pure, — et d'ailleurs conforme à l'Évangile, — établie si
fortement par les grands philosophes modernes, n'a point passé dans l'acte... Ce qui
est manifeste, c'est que l'écart est excessif
entre l'idéal moral que notre conscience est
parvenue à dégager, et notre moralité effective (1) ».

Je n'aurais certainement pas aussi bien dit.
Mais comment, en écrivant cela, n'avez-vous
pas aperçu le point faible de votre tentative
exclusivement morale? Vous reconnaissez,
vous proclamez que « des milliers de prêtres
dévoués se sont occupés sans relâche » de
cette œuvre du relèvement social; et des prê-

(1) *Notre esprit,* p. 11.

tres de toutes les communions religieuses, catholiques, protestants, juifs; et non seulement les ministres des divers cultes, mais encore tous « les grands philosophes modernes »; et vous aboutissez à cette triste constatation que tous, tous, ont échoué : « L'Évangile, la morale n'ont point passé dans l'acte. »

Et alors, après cette constatation, vous formulez purement, simplement, tranquillement, cette conclusion imprévue : « Il faut recommencer tout cela. » Et vous, qui ne disposez ni de la formidable puissance de l'Église, ni de la formidable puissance du Temple, ni de la formidable puissance de la Synagogue, vous espérez réussir là où l'Église, le Temple et la Synagogue ont échoué! Comment un homme tel que vous n'a-t-il pas aperçu que si tant d'efforts, tant de dévouement, tant d'abnégation, tant de charité, tant d'esprit de sacrifice, tant d'immo-

lation de soi-même, tant d'amour du prochain
avaient échoué, c'est que ni rien, ni personne,
ne réussirait en suivant la même voie?
Comment cette idée si simple, si naturelle,
qui serait venue à tout savant ayant man-
qué une expérience, ne vous est-elle pas venue : l'action morale doit être insuffisante
pour assurer à un peuple la durée, la prospérité, la grandeur sociale; il lui manque
quelque chose, dont l'absence empêche le
résultat de se produire?

Que lui manque-t-il donc? — Je vais
vous le dire.

III.

Voulez-vous me permettre d'employer une
parabole et de la tirer de l'Écriture sainte,
ce qui ne doit pas être pour vous déplaire?

L'action morale peut être comparée à une

graine qui germe ou ne germe pas, suivant qu'elle tombe sur un bon ou sur un mauvais terrain. Dès lors, la qualité bonne ou mauvaise du terrain a une importance extrême, une importance décisive.

Et remarquez qu'en disant cela je n'ai pas la prétention d'émettre une nouveauté ; cette affirmation est presque un lieu commun, car, depuis l'Évangile, elle a été répétée des milliers de fois par les prédicateurs, les moralistes, les théologiens de toutes les écoles et de tous les cultes. C'est banal à force d'être vrai et évident.

Mais, sur cette vérité banale, on a malheureusement greffé une erreur qui a fini par étouffer cette vérité : on a cru, pour continuer ma comparaison, que la bonne qualité de la graine suffisait à créer la bonne qualité du terrain, et à amener, par conséquent, la germination. Et alors on a dit : « Il n'y a pas de mauvais terrains, il n'y a que de mauvaises graines ». De là à ne plus se préoccuper de la qualité du terrain, il n'y avait qu'un pas, on l'a franchi et vous l'avez franchi vous-même lestement. Vous dites, après tant d'autres, je vous cite textuellement : « La question n'est pas de savoir si l'époque présente est pire que les précédentes; nul ne peut rien assurer de précis à ce sujet; il est donc oiseux de le demander. » Ce qui revient à dire : il est oiseux de se préoccuper de la nature du terrain.

Et sur cette affirmation gratuite, vous allez tranquillement jetant votre graine morale à pleine main, par les voies et par les chemins. Vous vous étonnez ensuite qu'elle ne germe pas, ou plutôt vous dissimulez votre étonnement en renvoyant la germination, permettez-moi cette expression, aux kalendes grecques. « L'œuvre est si démesurée, dites-vous, qu'il ne faut pas attendre d'en voir même un commencement de réalisation. Mais cela ne change rien à notre devoir. Ce n'est pas le succès qui est notre affaire (1). »

Mais c'est au contraire le succès qui est notre affaire, qui est toute l'affaire; il n'y a même pas d'autre affaire que celle-là. Comment! vous poursuivez l'œuvre magnifique et méritoire du relèvement moral et social de votre pays, et vous proclamez que le succès, c'est-à-dire ce relèvement, n'est pas votre affaire! Ce serait faire de l'art pour l'art, de la morale pour la morale.

L'insuccès, dont vous prenez si tranquillement votre parti, l'insuccès de tous les autres moralistes exclusifs, viennent de cette croyance que la nature du terrain sur lequel on jette la graine est indifférente, qu'il est « oiseux » de s'en préoccuper.

La nature du terrain social est, au contraire,

(1) *Notre esprit,* p. 26.

une des conditions extrinsèques qui agissent le plus sur le succès ou l'insuccès de l'action morale.

Et, sur ce point encore, je fais appel à votre propre expérience. Vous avez été vivement frappé, et vous me l'avez dit vous-même, à Édimbourg, des facilités extraordinaires que vous rencontriez là pour votre apostolat : « Quel excellent terrain ! » me disiez-vous. Vous avez trouvé, en effet, un public attentif, sérieux, très sérieux, dans les dispositions d'esprit que vous considérez comme les meilleures pour recevoir et pour faire fructifier l'action morale.

Vous avez été frappé de la différence de cet état d'esprit et de l'état d'esprit que vous rencontrez généralement en France. Même parmi ceux qui vous suivent, beaucoup cèdent à une sorte de mode, de vogue, d'engouement, que l'on constate actuellement chez nous pour les idées morales ; c'est plus *select*, c'est bien porté, c'est le dernier *cri*, pour employer l'étrange langage de ce public ; en un mot, c'est une attitude. Mais que le vent varie, que la mode change, et on ira à d'autres préoccupations, à d'autres spectacles, aussi aisément que l'on passe des robes fourreau aux robes bouffantes. Quant à la masse du public, elle tourne votre tentative « à la blague », comme nous tournons toutes choses en France.

Dans un terrain aussi mal préparé, votre graine ne peut pas germer. La formation sociale actuelle est un obstacle au développement de l'action morale, comme elle l'a été pour la société romaine, pour l'Irlande, pour l'Italie, pour l'Orient, où elle n'a pas donné les fruits qu'elle aurait dû donner et que vous voudriez à votre tour lui faire produire.

C'est donc bien la formation sociale qu'il faut modifier tout d'abord, si vous voulez obtenir un résultat qui réponde à la plénitude de vos efforts. Il faut commencer par le commencement.

Mais en quoi faut-il modifier cette formation sociale?

IV.

Que manque-t-il donc à notre état social pour qu'il soit apte à recevoir et à faire fructifier la semence morale que vous voulez jeter en lui?

Il lui manque précisément ce que vous demandez comme l'assiette naturelle de votre action morale : il lui manque de former des hommes; il lui manque de préparer à ce que vous appelez « la vie sérieuse ».

A quoi préparons-nous nos enfants? Qu'est-ce que nous leur enseignons?

Nous leur enseignons que l'idéal, la sagesse suprême, est de se soustraire aussi complètement que possible aux difficultés et à tous les aléas de la vie. Nous leur disons : « Mon cher enfant, compte d'abord sur nous ; tu vois comme nous économisons pour pouvoir te donner, au moment de ton mariage, une dot aussi forte que possible. Nous t'aimons trop pour ne pas t'aplanir, autant qu'il est en nous, toutes les difficultés de la vie. Compte ensuite sur nos parents, sur nos amis, qui te pousseront, qui te recommanderont, pour t'aider à trouver une carrière. Compte encore sur le Gouvernement, qui dispose d'une quantité innombrable de places ; on y est bien tranquille, on ne court aucun aléa, on est payé régulièrement à la fin de chaque mois, on a un avancement automatique, par le simple mécanisme des retraites et des décès ; si bien que tu peux savoir d'avance qu'à tel âge tu gagneras tant, à tel âge tant, et enfin qu'à tel âge tu auras ta retraite, une bonne petite retraite ; en sorte que, après n'avoir pas fait grand'chose pendant toute ta vie, tu pourras ne rien faire du tout à un âge où un homme est encore capable d'action. Mais, mon cher enfant, comme ces situations sont assez peu rétribuées, car on ne peut pas avoir tous les avantages à la fois, il faut que tu comptes encore sur ce que ta femme pourra t'apporter. Il faut donc chercher avant tout une femme riche; mais ne t'en inquiète pas, nous te la chercherons, nous te la trouverons. Voilà, mon cher enfant, les conseils que nous dictent notre amour pour toi. »

Quand un jeune homme entend tous les jours, à son foyer, de pareils conseils; quand tout le monde autour de lui, dans la rue, dans la société, lui tient le même langage, il finit pas s'habituer, insensiblement, à compter sur les autres plus que sur lui-même, et il s'éloigne des situations qui exigent l'effort continu, l'initiative intense, et qui exposent à des aléas, comme l'agriculture, l'industrie et le commerce. Il s'oriente vers la vie tranquille.

3.

Une telle conception de la vie a pour résultat d'engourdir, d'atrophier la volonté, l'énergie, la virilité; elle rend l'homme moins propre à l'effort; elle le porte plus à éviter les difficultés qu'à les vaincre; on recherche ce que la vie a d'amusant et on écarte ce qu'elle a de sérieux; ainsi on devient moins apte à cette action morale, qui exige essentiellement l'effort et le triomphe sur soi-même.

Voilà, cher Monsieur, le grand obstacle qui paralyse votre prédication et dont vous ne pouvez triompher par le seul instrument de l'action morale, parce que tout le milieu social est conjuré contre vos paroles. Vous dites : « Il faut que l'homme soit résolu à faire ce qui lui coûte. » Tout notre milieu social nous crie le contraire et étouffe votre voix.

C'est donc ce milieu qu'il faut modifier avant toute chose; et il faut le modifier dans le sens du développement de l'initiative individuelle, ce qui revient à dire : dans le sens de la « vie sérieuse ».

Cela est bien long, allez-vous répondre. — Il n'y a de court chemin que celui qui conduit au but, et vous avouez vous-même que celui que vous suivez n'y conduit pas.

Mais ce chemin est-il aussi long que vous le croyez? Vous allez voir que non, car la force des choses, — qui est plus forte que tout, — nous y pousse irrésistiblement. C'est donc à connaître, à aider et à hâter ce mouvement, au lieu de le contredire, de le contrecarrer et de le retarder, comme on fait le plus souvent au nom même des meilleures intentions, que nous devons employer nos efforts.

Comment et en quoi ce mouvement se manifeste-t-il?

Il se manifeste par un ensemble de symptômes, que je vais essayer de noter brièvement.

1ᵉʳ SYMPTOME. — *Le contact et la concurrence de la race anglo-saxonne*. Nous ne pouvons pas nous y soustraire ; nous rencontrons cette race entreprenante et envahissante, sur tous les terrains où s'exerce notre activité sociale. En Europe, elle est à nos portes ; au dehors, elle est partout, et c'est toujours elle que nous trouvons sur tous les points où nous créons une colonie, ou un simple établissement. En Europe et au dehors, nous rencontrons la concurrence de ses agriculteurs, de ses colons, de ses industriels, de ses commerçants, et vous savez à quel point cette concurrence est redoutable, à quel point elle est faite d'énergie, de ténacité, de sens pratique, d'habitude de compter sur soi-même, de *self help*, car ils ont le mot, parce qu'ils ont la chose.

Or ce contact et cette concurrence sont un stimulant pour nous : on est porté à réagir quand on se voit sur le point d'être évincé, débusqué des positions qu'on occupe ; on s'instruit par l'exemple de ses adversaires, on en subit l'influence.

C'est pour leur faire apprendre cette salutaire leçon que nous engageons les jeunes gens qui suivent nos Cours de Science sociale à aller en Angleterre, à se mettre en contact plus intime avec cette race et à apprendre d'elle ce qui fait la cause de sa supériorité.

Mais ce symptôme serait insuffisant pour dessiner l'évolution sociale, s'il n'y en avait pas d'autres qui se manifestent directement, dans la nation elle-même.

2ᵉ Symptome. — *L'échec unanimement avéré de notre système d'enseignement.* Il éclate aujourd'hui à tous les yeux. Les critiques de notre système d'enseignement sont de jour en jour plus nombreux, plus audacieux ; ils se recrutent même dans l'Université ; même parmi les ministres de l'instruction publique, et dans tous les partis politiques. C'est presque un lieu commun aujourd'hui de dire que l'école n'a pas tenu tout ce qu'elle promettait. On constate un abaissement général des études. L'école forme des bacheliers, des fonctionnaires, des bureaucrates; elle ne forme pas des hommes capables de se tirer d'affaire par eux-mêmes dans la vie.

Vous savez que M. Lavisse est à la tête d'un groupe d'universitaires qui poursuit la réforme de notre enseignement dans le sens de la mise en valeur de l'homme. « Je me souviens, dit-il dans une conférence faite sur ce sujet, d'un mot qui me fut dit par un jeune Anglais : « N'allez pas croire que je sois « un savant; au collège, en Angleterre, nous « n'apprenons pas grand'chose, si ce n'est « peut-être à nous conduire dans la vie. » Quel bel orgueil anglais dans cette parole modeste ! Certainement mon visiteur n'aurait pas accepté l'échange de notre savoir scolaire contre la science de se conduire. Il m'aurait dit que l'Angleterre a besoin d'hommes accoutumés à compter sur eux-mêmes, d'humeur indépendante et hardie ; qu'elle en a besoin pour son commerce, pour son industrie et pour sa politique. »

C'est déjà beaucoup que nous reconnaissions que notre système d'éducation est à réformer, qu'il ne donne ni « la science de se conduire » ni l'habitude de « compter sur soi-même ». La connaissance d'une erreur est le premier pas dans la voie de la vérité.

3ᵉ Symptome. — *Le développement des exercices physiques dans la jeunesse.* Avons-nous eu assez de mépris pour l'éducation physique ? Nous en ignorons jusqu'au nom. Vous connaissez, comme moi, et j'espère que vous détestez, comme moi, notre affreux collège avec ses classes et ses études trop longues, ses récréations trop courtes et sans exercice, ses promenades de prison, va-et-vient monotone entre des murs élevés et navrants, puis, le jeudi et le dimanche, la promenade militaire, en rangs, exercice de vieillards et non de jeunes hommes.

Comment la virilité, l'énergie, le sentiment de l'action, le besoin de l'indépendance auraient-ils pu se développer sous un régime qui atrophie le corps, qui en fait un embarras et non un aide? L'homme qui a à sa disposition un bon instrument physique a plus de confiance en lui-même et réellement plus d'aptitude à affronter les difficultés de la vie; il est plus porté vers la vie active que vers les situations sédentaires et subordonnées de l'administration; il se sent plus homme et, par le fait, il l'est réellement.

Or vous savez quel développement ont pris, depuis quelques années, les exercices physiques : les mots *sport, match, record, re-*

cordman, etc., tous d'origine anglaise, font irruption dans notre langue. Tous les journaux ont dû ouvrir une rubrique nouvelle pour les sports et un grand nombre de feuilles spéciales ont été créées, quelques-unes ont des tirages qui dépassent dix mille exemplaires. A certains jours, il y a plus de vingt mille spectateurs dans tel vélodrome, et on refuse du monde. Des jeunes gens ainsi « entraînés » sont manifestement préparés à une vie plus active, à une initiative plus intense : ils ont appris à triompher de leur corps, à le dompter, ce qui est la meilleure préparation pour triompher de la vie. Cette jeunesse est une espérance.

4ᵉ Symptome. — *L'encombrement croissant des professions administratives et libérales.* C'est un gémissement général. Il y a dix, vingt, cent candidats pour une place, car tout le monde veut y entrer. Les candidats atten-

dent; ils encombrent les antichambres administratives, ils se font signer des lettres de re-
commandation, ils se lamentent.

Cependant une opinion nouvelle se forme
peu à peu : on se dit qu'il devient très difficile de pénétrer dans ces carrières, que les
chances de succès sont véritablement trop
aléatoires et que cela ne vaut pas la peine
qu'on se donne. On commence à tourner les
yeux vers les situations indépendantes, qui
sont en même temps plus lucratives. Ce n'est
encore qu'une hésitation, une tendance;
laissez agir la force des choses et le mouvement se dessinera; il s'accuse déjà, çà et là,
parmi les jeunes gens les plus capables et les
plus avisés.

5ᵉ Symptome. — *La baisse de l'intérêt de
l'argent.* Du 5 % nous sommes tombés au 4;
nous voici maintenant au 3, et les meilleures
valeurs produisent même un intérêt moins

élevé. Dès lors, chacun doit compter de moins en moins sur ses revenus, sur la dot de sa femme. Il devient de plus en plus difficile de se contenter des faibles appointements administratifs; il devient surtout plus difficile de vivre en rentier oisif. Voilà qui est plus fort que tous les raisonnements pour pousser les gens à agir par eux-mêmes, à ne compter que sur eux-mêmes. On ne se raidit pas longtemps contre une pareille nécessité. Quand on aura réalisé sur son budget toutes les économies possibles, il faudra bien en venir là.

6ᵉ Symptome. — *L'extrême tension des impôts.* Les Français sont le peuple le plus imposé : ils soutiennent cet excès d'impôts bien plus par leur puissance d'économie que par leur puissance de travail, car l'agriculture, l'industrie et le commerce ont été délaissés par toutes les familles qui s'élevaient, c'est-à-dire par celles qui auraient été les plus capables de les faire prospérer, grâce à leur intelligence et à leurs capitaux. Dans ces conditions, ces trois sources uniques de la richesse publique ont diminué d'année en année; si bien qu'il nous faut compter de moins en moins sur l'impôt, si nous ne revenons d'abord, et dans toute la suite, à compter sur nous-mêmes pour remettre à leur point et pour pousser dans un perpétuel progrès l'agriculture, l'industrie et le commerce, qui sont les sources où s'alimentent toutes les professions parasites inscrites au budget.

7° SYMPTOME. — *La tendance à revenir à la vie rurale et aux professions indépendantes.* C'est la conséquence de l'encombrement des fonctions administratives, de la baisse du taux de l'intérêt et de l'insuffisance du budget. On commence à considérer avec moins de dédain les professions dont on s'était éloigné par sentiment, par préjugé de caste, par répugnance pour tout ce qui exige l'initiative et la responsabilité; on va être contraint d'y revenir par la force des choses.

Ce mouvement de retour se manifeste surtout pour l'agriculture. Il s'impose à un certain nombre de propriétaires, qui souffrent de la crise agricole augmentée par la baisse de l'intérêt de l'argent et l'encombrement des carrières administratives. Ils voudraient bien pouvoir prolonger leur séjour à la ville, mais l'inéluctable force des choses les pousse vers la campagne; ils finissent, — il le faut bien, — par se faire à l'idée de s'occuper de leur exploitation rurale abandonnée, ou compromise, par leurs fermiers. Puis, quelques-uns en viennent à résider sur leurs terres, à y passer une grande partie de l'année, parfois même à s'y fixer complètement, par économie.

Ce mouvement de retour vers la culture

est accusé par le développement des sociétés agricoles, des publications agricoles, des syndicats agricoles. On sait comment ces derniers ont surgi par centaines sur tous les points du territoire et sur l'initiative de grands propriétaires. Beaucoup de ces propriétaires n'ont vu là, tout d'abord, qu'un instrument politique, ou un moyen d'influence; mais, peu à peu, ils subissent l'action de ce milieu nouveau et ils sont amenés à se mettre au courant de ces questions d'engrais et de machines agricoles qu'ils dédaignaient jusqu'ici; le syndicat devient insensiblement agricole tout de bon.

D'autre part, certains capitalistes avisés commencent à profiter de l'abaissement du prix de la terre, résultat de la crise agricole, pour acheter des domaines ruraux, car le revenu de la terre tend à se rapprocher de plus en plus du revenu des valeurs de bourse.

8° Symptome. — *Les encouragements à la colonisation.* La puissance colonisatrice d'un peuple est un des plus sûrs indices de sa puissance sociale. Elle témoigne de l'esprit d'initiative de ses habitants et de leur expansion dans le monde. C'est par là que la race anglo-saxonne est si redoutable.

On ne peut pas dire que la France soit sérieusement entrée dans cette voie : sa colonisation est surtout administrative : nous exportons encore plus de soldats et de fonctionnaires que de colons. Cependant on remarque tout au moins une tendance à encourager la colonisation, à en signaler les avantages. Un certain nombre de sociétés et de publications périodiques ont été fondées dans ce but; des missions d'exploration ont été organisées; il y a un public de plus en plus nombreux qui s'intéresse aux questions de géographie; on dirait que le Français, si casanier, commence à s'apercevoir qu'il existe, en dehors de la France, des pays où l'on peut s'établir et vivre.

Tout cela est encore bien platonique, j'en conviens, mais n'oublions pas que les symptômes que nous venons de constater précédemment poussent, eux aussi, dans le sens de la colonisation et qu'ils auront pour effet d'accentuer ce mouvement.

9ᵉ SYMPTOME. — *Le discrédit croissant de la politique et des politiciens.* Si l'aptitude colonisatrice est un indice de la puissance sociale, la confiance dans la politique et dans les politiciens est un des indices les plus sûrs d'infériorité. Elle est la preuve que les citoyens comptent plus sur l'action et sur l'intervention de l'État que sur leur propre initiative, qu'ils sont plus portés à vivre des situations administratives et des fonctions publiques que des professions indépendantes. Ce que les partis aiment dans la politique, c'est le butin qui suit la victoire, c'est-à-dire les places : aux vainqueurs les dépouilles. Cet état d'esprit détourne des professions indépendantes qui constituent la force vitale d'un pays, et il paralyse l'action privée.

Des indices certains témoignent que les Français commencent à secouer cette illusion. Nous en arrivons à comprendre que la politique ne nous a pas donné tout ce que nous en attendions; nous sommes déçus sur presque tous les points : liberté, égalité, fraternité, gouvernement à bon marché, gouvernement du peuple par le peuple, diminution des impôts, tolérance pour les opinions politiques ou pour les opinions religieuses, etc. Nos désillusions se sont traduites par des changements nombreux de gouvernements et par des changements encore plus nombreux de constitutions. Aujourd'hui nous avons tout expérimenté et nous avons vu le fond de toute la politique.

Aussi on constate un fait bien significatif : l'intérêt décroissant que présentent, pour le public, les journaux exclusivement politiques. Reportez-vous à la Restauration et au Gouvernement de Juillet, ou même au Second Empire : alors, un journal politique était une puissance écoutée et respectée ; un journaliste disposait d'une force énorme ; les plus grands hommes d'État avaient été ou étaient journalistes. *Le National, le Globe, le Constitutionnel, les Débats,* tournaient et retournaient l'opinion et parfois même faisaient une révolution en quelques mois. Il n'y avait guère d'autres journaux que les journaux politiques et chaque journal représentait une fraction bien déterminée de l'opinion.

Que les temps sont changés! Aujourd'hui, les journaux purement politiques ont perdu une grande partie de leur autorité et une partie encore plus grande de leur clientèle. Le succès va aux journaux dits « du boulevard », qui ont relégué la politique dans un tout petit espace et qui la considèrent comme gênante; ou bien aux journaux de nouvelles, de pures informations télégraphiques, sans opinion politique; ou encore aux publications spéciales qui traitent d'affaires, d'intérêts de métier ou d'intérêts locaux, genre complètement inconnu il y a quarante ou cinquante ans.

Autre indice de ce discrédit : les situations politiques jouissent d'une considération moins exclusive qu'autrefois. Un fonctionnaire n'est plus entouré de la même auréole que sous les précédents régimes : il s'en faut de beaucoup. Où est ce type du préfet de l'Empire, personnage qu'on ne pouvait voir sans émotion? Où est cette vieille magistrature française d'il y a quarante ans seulement, cette magistrature « du ressort » qui semblait presque un corps sacerdotal? On s'aperçoit d'ailleurs que ces situations sont moins sûres qu'on le croyait ; qu'elles enchaînent l'indépendance ; qu'en somme elles sont peu rétribuées. Et je ne fais pas entrer en ligne les incidents du Panama qui devraient dégoûter de la politique les gens les moins dégoûtés.

L'auréole qui environnait l'État, ses ministres, ses fonctionnaires, est donc sérieusement voilée ; et cela est bon, car tout ce que perd l'omnipotence de l'État, le particulier, la vie privée, la vie locale le gagnent, et ce sont là les vrais et solides éléments de la puissance sociale. De ce côté encore, il y a donc progrès.

10e Symptome. — *La réaction effective de l'opinion contre le militarisme.* Le développement du militarisme est un grand obstacle à la réforme sociale : non seulement il ruine la nation, mais, en poussant la jeunesse vers les écoles spéciales, il l'éloigne des arts usuels, des professions utiles ; ceux même qui échouent à l'entrée des carrières militaires se trouvent impropres, par cette éducation même, à entreprendre une profession indépendante qui exige l'énergie personnelle et l'initiative individuelle.

Mais on peut, dès maintenant, augurer que le militarisme est en baisse. Les charges énormes qu'il impose à une nation ne peuvent être supportées longtemps ; à ce compte, la paix est presque aussi écrasante qu'une guerre désastreuse. Déjà, l'Italie a été ruinée par ce beau régime et elle va être obligée de restreindre ses armements ; l'Allemagne et la France les supportent à grand'peine et ne pourront les supporter longtemps sans danger pour leur vitalité. Cet argument financier aura raison de tous les raisonnements des militaristes.

Mais ces derniers eux-mêmes témoignent hautement contre ce régime. Leurs actes démentent leurs paroles. Ils se rendent parfaitement compte que toute carrière est brisée, ou tout au moins rendue très difficile par ce long séjour à la caserne. Aussi ils n'ont rien de plus pressé que d'y soustraire leurs fils. C'est à qui échappera à ce régime, dont on célèbre en public les avantages et la nécessité. C'est ainsi que, depuis la nouvelle loi, les écoles qui dispensent de deux ans de service ont vu arriver à elle la foule des candidats ; on s'écrase à leurs portes. Voilà bien la plus éloquente des protestations ; celle-là est véritablement spontanée. Dans la classe supérieure, toutes les combinaisons paternelles et maternelles roulent autour de ce problème : Comment échapper au régime militaire... qui est cependant la plus belle de nos institutions ? Dans la classe inférieure, on s'y soumet en grondant et en jalousant, non sans raison, la classe supérieure qui s'y soustrait. Quand une institution est ainsi désertée, même par ses plus bruyants défenseurs, elle

est bien compromise. Ce militarisme à ou-
trance durera-t-il seulement autant que nous?
C'est peu probable. La situation financière et
l'intérêt public en auront raison, à défaut du
bon sens.

Le militarisme n'est pas nécessaire pour
jouer un grand rôle dans le monde : la
race anglo-saxonne ne nous le prouve que
trop par son exemple.

11ᵉ Symptome. — *La diminution du prestige des « Œuvres »*. Le but que poursuivent
les œuvres de bienfaisance, d'assistance, ou
celles dites de bien public, est évidemment
élevé, mais leur danger est de faire croire
qu'elles suffisent pour résoudre la question
sociale; elles sont des palliatifs et non des
remèdes; elles endorment le mal, comme la
morphine, elles ne le guérissent pas. Ce
n'est pas en secourant les gens, mais en les
rendant plus aptes à s'élever, qu'on leur vien-

dra décisivement en aide. A ce point de vue, la préoccupation de chercher le remède social *exclusivement* dans les œuvres peut être un danger.

Or il est manifeste que notre engouement pour les œuvres, que le prestige des hommes d'œuvres est sérieusement en baisse. Ces institutions ont trop échoué et pendant trop longtemps ; on a perdu en elles la belle confiance qu'on avait autrefois. On a pu reconnaître toute la débilité de ces efforts collectifs, en apparence si puissants, mais qui ne sont que la manifestation de l'impuissance personnelle. On commence à s'apercevoir qu'un chef d'industrie, qu'un propriétaire rural, qu'un patron quelconque, qui s'intéresse au sort de ses ouvriers, le fait avec beaucoup plus d'efficacité que cinquante hommes d'œuvres qui prétendent améliorer le sort de gens qui échappent à leur action par tous les bouts, qu'ils ne connaissent même pas, avec les-

quels ils n'ont aucun rapport naturel et positif.

12ᵉ Symptome. — *L'explosion des doctrines
socialistes.* Les divers symptômes que nous
venons d'énumérer nous poussent manifestement en sens inverse du socialisme, puisqu'ils tendent à développer l'initiative individuelle et à restreindre l'action de la
collectivité. D'autre part, le groupe social
qui est aujourd'hui en avance sur tous les autres, le groupe anglo-saxon doit précisément
cette avance au développement de l'initiative
individuelle. Le socialisme est donc en con-
tradiction avec la marche actuelle des faits.

Mais alors, comment expliquer l'explosion
de ces doctrines, et comment voir, dans cette
explosion, un symptôme de relèvement social?

La genèse du phénomène est très facile à
déterminer.

Une évolution, comme celle dont nous venons d'énumérer les divers symptômes, ne s'accomplit pas sans froissement et sans douleur. On était habitué à compter sur la protection de sa famille, de ses amis, de son parti politique, de l'État; on vivait dans une société qui était plus orientée vers la stabilité que vers le progrès, où la concurrence était limitée par la difficulté même des moyens de transports, ce qui tendait à assurer la tradition et la fixité des moyens d'existence. Mais voilà que le développement des transports et du grand atelier, dû à la découverte de la houille, a emporté toutes ces barrières protectrices, a brisé le vieux cadre qui enserrait et protégeait l'individu. L'agriculteur, l'industriel, le commerçant se sont trouvés tout d'un coup exposés à la concurrence de tous les agriculteurs, de tous les industriels, de tous les commerçants du monde entier.

Alors que s'est-il produit?

Ceux qui étaient le plus doués d'énergie personnelle et d'initiative individuelle ont trouvé, dans ces conditions nouvelles et fatales du monde, un théâtre magnifique pour développer leurs qualités : ils sont arrivés à un degré inconnu jusqu'ici de richesse et de puissance. C'est le cas de la race anglo-saxonne, qui était en avance sur toutes les autres au point de vue de l'énergie et de l'initiative du particulier. C'est à partir de ce moment qu'elle a commencé à déborder sur le monde, et à devenir une menace pour toutes les autres races.

Au contraire, les individus moins formés à l'initiative ont été surpris et comme accablés; au lieu de s'armer d'énergie, de se ressaisir eux-mêmes, pour tenir tête aux difficultés de l'heure présente, ils ont trouvé plus commode de gémir, puis d'appeler à leur aide le vieux cadre : parents, amis, État, collectivité, suivant la formule usée des âges anciens.

Cette levée en masse des retardataires, des incapables, des impuissants, s'est réunie autour de la formule du socialisme, qui n'est qu'une résurrection plus ou moins modifiée du communisme oriental, de ce communisme qui a voué à l'impuissance tous les peuples de l'Orient.

C'est ainsi, qu'au siècle dernier, les corporations ouvrières, sur le point d'expirer devant le premier développement du grand atelier, ont réuni tous leurs efforts dans une suprême tentative de résistance : elles ont multiplié les règlements restrictifs qui leur assuraient le monopole du travail et les mettaient à l'abri de la concurrence. Mais vous savez que tout cela n'a servi de rien et que la force des choses a emporté, pour toujours, ces institutions finies.

L'erreur du socialisme est d'être, lui aussi, un anachronisme et de marcher contre la force des choses qui pousse le monde dans des voies nouvelles. Tous ses efforts ne font que mieux accuser cette force des choses contre laquelle, à l'exemple des anciennes corporations, il élève une suprême et impuissante protestation.

Le seul résultat réel du socialisme sera d'affaiblir encore et d'abattre plus irrémédiablement les aveugles qui attendent, pour se relever, le secours d'un sauveur chimérique.

Le socialisme n'est pas quelque chose qui commence, mais quelque chose qui finit.

Ainsi, de quelque manière que nous tournions et que nous retournions les faits, ils aboutissent tous à cette conclusion que le monde marche, et que nous marchons nous-mêmes, vers un plus grand développement de l'initiative individuelle; c'est par là seulement que l'on peut triompher, aujourd'hui plus encore qu'autrefois.

Et maintenant, cher Monsieur, je reviens

à vous et je vous dis : « Le devoir présent est-il de s'en tenir à une vague prédication de l'action morale? ne consiste-t-il pas, au contraire, à se rendre compte des conditions sociales sans lesquelles ne peuvent se voir le relèvement et la prospérité, puisqu'il est démontré que l'action morale pure est insuffisante? Le devoir ne consiste-t-il pas, en outre, à se faire le défenseur, le propagateur de ces vérités sociales libératrices? »

Mais peut-être allez-vous craindre que l'action morale ne soit ainsi sacrifiée, qu'elle soit étouffée sous le développement de l'initiative individuelle, du *self help;* vous redoutez peut-être de rabaisser l'homme, de le rendre égoïste, d'étouffer en lui l'idéal, l'esprit de sacrifice et de charité, l'amour du prochain, en un mot tout ce que vous rêvez de restaurer.

Je voudrais, en terminant, vous rassurer sur ce point.

Par une conséquence bien remarquable de l'enchaînement des choses humaines, les sociétés à initiative individuelle développée se trouvent être le foyer le plus favorable pour la vie morale énergique, intense, résistante. Cela s'explique : l'action morale consiste essentiellement, ainsi que vous le reconnaissez, à se vaincre soi-même. Or il n'y a pas de plus rude école générale pour apprendre à se vaincre soi-même, que la formation sociale qui oblige à ne compter que sur soi-même dans la vie : rien n'est plus propre à développer ce que vous appelez « la vie sérieuse », c'est bien là l'école du « sacrifice » la plus naturelle, la plus usuelle, la plus applicable en masse, qui puisse exister parmi les hommes. Cette nécessité est plus empoignante que toutes les exhortations des prédicateurs et des moralistes, qui, trop aisément, peuvent entrer par une oreille et sortir par l'autre. Les faits poussent bien plus à l'action que les paroles.

Il est écrit : « Tu gagneras ton pain à la sueur de ton front. » Cette parole est non seulement le fondement de la puissance sociale, mais encore le fondement de la puissance morale. Les peuples qui se dérobent, par toutes sortes de petites combinaisons, à cette loi du travail personnel et intense subissent une dépression, une infériorité morale; ainsi le Peau-Rouge par rapport à l'Oriental; ainsi l'Oriental, par rapport à l'Occidental; ainsi les peuples latins et germains de l'Occident, par rapport aux peuples anglo-saxons.

Savez-vous quelle est aujourd'hui une des grandes espérances de l'Église catholique? Je ne sais si elle s'en doute. Jusqu'ici l'Église a eu son point d'appui surtout parmi des populations à formation plus ou moins communautaire; mais ces populations, par le fait même de leur formation sociale, se sont trouvées moins préparées à recevoir, à retenir et à pratiquer complètement les grands préceptes du devoir moral et religieux. Or, aujourd'hui l'Église fait de grands progrès parmi les populations à formation particulariste de l'Angleterre et des États-Unis. C'est là un des plus grands événements de son histoire (1). Elle va trouver, parmi ces peuples,

(1) Nous répondrons ici, en passant, à une difficulté que quelques esprits voudraient, mal à propos, tirer de la théologie catholique contre le sujet que nous venons de soutenir. Il leur semble qu'accorder un rôle aux conditions naturelles, dans la morale, est ce qu'ils appellent du « Pélagianisme », c'est-à-dire faire de la nature *la cause* de la grâce. Non : c'est constater, — ce qui est l'orthodoxie même, — que la grâce requiert normalement des conditions naturelles, non pas comme causes efficientes de la grâce, mais comme facilité laissée à son action : à peu près à la façon dont le soleil requiert des ouvertures aux maisons, non pas que ces ouvertures produisent la lumière, mais parce qu'elles la laissent passer. Les moralistes les plus autorisés savent si bien appliquer ce principe, qu'on voit les fondateurs d'Ordres entourer de conditions naturelles, très minutieuses et très impérieuses, l'existence des religieux auxquels ils aspirent à faire pratiquer les vertus pourtant les plus surnaturelles. Pour prendre un exemple plus commun, tous les gens vertueux savent qu'ils ne le sont qu'en observant un certain nombre de précautions d'ordre naturel, sans lesquelles leur vertu

le terrain le plus admirablement préparé à recevoir la semence qu'elle a la mission de répandre sur le monde ; et les fruits de cette semence seront, là, plus beaux et plus nom-

serait livrée à l'assaut de cent aventures périlleuses. Contrairement à l'histoire et à l'apologétique la plus classique, les esprits auxquels nous nous adressons ici ne veulent pas voir que l'Église a maintes fois reçu, providentiellement, des secours naturels dont l'effet a été d'offrir à son action un chemin plus ouvert, plus libre : ainsi on a fait valoir, avec raison, la publicité de premier ordre que lui a donnée son entrée dans le monde romain ; or, cette publicité, qui a aidé à la faire connaître sinon à la faire accepter, et qui a jeté à tout jamais ses origines en pleine lumière historique, ne venait pas de l'Église, mais de l'organisation de l'Empire romain ; on a pareillement fait valoir, avec raison, la liberté politique que les Barbares ont apportée à l'Église, et qui a été marquée par l'épanouissement du moyen âge, etc., etc. M. Paul Desjardins dit, lui aussi, parce que cela est d'expérience quotidienne, que, pour l'élévation morale, il faut la vie constituée dans des conditions naturelles sérieuses. C'est cette vie sérieuse, *adaptée au temps*, à laquelle les événements acheminent aujourd'hui, avec le régime de l'éducation anglo-saxonne qu'ils introduisent. Il faut aller à cette éducation, comme l'Église est allée déjà du monde juif au monde romain, et du monde romain au monde barbare : c'est un pas de plus, et du même genre, à faire maintenant.

breux que partout ailleurs. Ils sont déjà magnifiques, par la seule puissance de ce milieu social. Vous savez, en effet, que le clergé protestant n'exerce qu'une action très restreinte; c'est donc, par la seule action de la vie privée « sérieuse » et laborieuse, que ces populations ont conservé une si haute dose de force morale. Vous l'avez bien constaté à votre dernier voyage en Angleterre et en Écosse.

Je crois que je puis maintenant conclure en ces termes, dont tout ce qui précède explique assez le sens :

Ce n'est pas le développement de l'action morale qui suffira à nous assurer le relèvement social;

Mais c'est le relèvement social qui nous permettra le plein développement de l'action morale.

Par conséquent, le « devoir présent » est

de travailler, de toutes ses forces, au relèvement social, suivant les indications qui sont fournies par l'étude méthodique des sociétés humaines, c'est-à-dire par la Science sociale (1).

Ce relèvement social est en voie de s'accomplir en France (2) : les faits sont avec nous; mettons-nous donc avec eux, c'est le meilleur moyen, c'est le seul moyen de réussir.

(1) La Revue, *La Science sociale*, a pour but de poursuivre ces études et le bulletin, *Le Mouvement social* de les vulgariser. Enfin, *La Société pour le développement de l'iniative privée*, dont ces deux publications sont les organes, groupe les adhérents désireux de s'associer à ce mouvement et de le propager (Voir ci-après les conditions d'admission).

(2) Sur les conditions de ce relèvement social, voir ma brochure : *Comment élever et établir nos enfants?* (Firmin-Didot).

LIBRAIRIE DE FIRMIN-DIDOT ET Cie
56, Rue Jacob, Paris.

LA
SCIENCE SOCIALE

REVUE MENSUELLE

Directeur : M. EDMOND DEMOLINS

Les fondements de la science sociale ont été établis par Le Play, après vingt-cinq années d'observations et de voyages entrepris dans les divers pays de l'Europe et de l'Asie.

Malheureusement, le cadre et la méthode adoptés par ce savant éminent n'étaient pas assez rigoureux. C'était seulement le premier effort de la science.

C'est l'honneur de M. Henri de Tourville d'avoir précisé et complété la méthode de l'observation sociale. Grâce à ses travaux et à ceux de ses éminents collaborateurs, les procédés d'étude des sociétés humaines ont été complètement renouvelés ; ils possèdent aujourd'hui la puissance de démonstration et l'exactitude scientifique qui leur manquaient.

La première application de la nouvelle méthode fut faite, il y a dix ans, au *Cours d'Exposition de la Science sociale* professé par M. Edmond Demolins. Elle eut pour effet de donner immédiatement à l'exposé de la science un caractère méthodique et rigoureux qui frappa tous les auditeurs et assura le succès croissant de cet enseignement (1).

C'est pour porter ces résultats devant le public, pour l'initier à ces études si nouvelles et le tenir au courant de leurs progrès successifs, que la Revue, *la Science sociale*, a été créée en 1886.

En tête de chaque livraison, *la Science sociale* publie un article, *Questions du jour*, traitant, d'après la méthode scientifique, les problèmes actuels qui préoccupent le plus l'opinion (2).

(1) L'enseignement de la Science sociale a lieu dans l'Hôtel de la *Société de géographie*, 184, boul. Saint-Germain. Il comprend un *Cours d'Exposition* professé par M. Edmond Demolins et un *Cours de Méthode* professé par M. Robert Pinot. Il groupe chaque année un nombreux auditoire appartenant principalement à nos grandes écoles.

(2) PRINCIPALES *Questions du jour* TRAITÉES : l'épuration des fonctionnaires dans les gouvernements bureaucratiques; — Les juifs; — Les revendications ouvrières; — La décadence du fermage; — Le surmenage intellectuel; — Les causes endémiques du nihilisme russe; — La question Corse; — Les causes

Elle contient ensuite la reproduction *in extenso*
des *Cours de science sociale;* — des *Descriptions
méthodiques des différents pays,* destinées à expliquer leurs mœurs, leurs coutumes, en un mot leur
organisation sociale ; — des *Études sur les divers
métiers,* montrant l'action différente que chacun
d'eux exerce sur les populations qui s'y livrent ;
— des *Études historiques,* qui permettent d'ap-
précier rigoureusement les lois de l'évolution des
sociétés humaines dans le passé ; — des *Études
littéraires et artistiques,* destinées à préciser l'influence de l'état social sur la littérature et sur
l'art ; — des *articles variés,* sur les relations étroites

de la diminution de la natalité en France ; — La question de la
monarchie ; — Les décorations et le sentiment public ; — La religion est-elle responsable de l'état social ? — La magistrature
française peut-elle être indépendante ? — L'Empire allemand ;
— Le rôle de l'École ; — L'esclavage africain ; — La réforme du
gouvernement local en Angleterre ; — Les exercices physiques ;
— Nos hommes politiques ; — Le Transcaspien et le Transsaha-
rien ; — La révolution agraire en Irlande ; — L'expérience du
suffrage universel ; — Le caractère actuel des partis politiques
en France ; — La liberté de la Presse ; — Le conflit anglo-por-
tugais ; — La Révolution brésilienne ; — La question des grands
magasins ; — Les bills Mac-Kinley ; — Le réformateur améri-
cain Henry Georges ; — La politique de l'Église et les temps
nouveaux ; — L'échec de la colonisation française ; — L'aboli-
tion de la Censure ; — La séparation de l'Église et de l'État ;
— Le Crédit agricole ; — La diminution du revenu ; — La question monétaire, etc., etc.

et très peu aperçues jusqu'ici, qui existent entre le monde social et le monde physique, végétal, ou animal ; sur l'organisation du travail, du salaire et de l'épargne ; sur les pouvoirs publics et les conditions variables de leur fonctionnement, etc., etc.

Enfin, *le Mouvement social* est consacré à la vulgarisation de la science et aux questions de réformes pratiques et actuelles.

La **Science sociale** paraît depuis 1886, par livraisons mensuelles de plus de cent pages, avec son supplément le *Mouvement social*, consacré à la vulgarisation ; elle forme trois volumes grand in-8 par an.

ABONNEMENT ANNUEL : France, 20 fr.; Étranger, 25 fr.

Le *Mouvement social* seul : France, 6 fr.; Étranger, 7 fr.

On s'abonne dans tous les bureaux de poste, ou en adressant un mandat-poste à M. PAUL LELOUP, administrateur de la Revue, à la librairie FIRMIN-DIDOT ET Cie, 56, rue Jacob, et 8, boul. de Vaugirard, Paris. (Envoyer les lettres à cette dernière adresse.)

Les huit premières années de la SCIENCE SOCIALE, formant seize volumes, sont vendues au prix de 140 francs ; pour les nouveaux abonnés, 120 francs.

Typographie Firmin-Didot et Cie. — Mesnil (Eure).

SOCIÉTÉ DE SCIENCE SOCIALE

POUR LE DÉVELOPPEMENT DE L'INITIATIVE PRIVÉE

ET LA

VULGARISATION DE LA SCIENCE SOCIALE

Siège de la Société : 8, Boul. de Vaugirard, **PARIS**

But de la Société. — La Société a pour but de propager l'étude de la Science sociale et d'exciter le développement de l'initiative privée.

Action de la Société. — Elle s'exerce :

1º Par deux Publications mensuelles, l'une, le *Mouvement social,* consacrée à la vulgarisation et à la propagande ; l'autre, la *Science sociale*, consacrée à l'étude scientifique des phénomènes sociaux ;

2º Par des Ouvrages édités par la Société et formant une Bibliothèque (Voir ci-contre). Ces volumes sont livrés aux membres à prix réduits ;

3º Par des Enquêtes entreprises en vue de recueillir des faits précis, de les classer, et d'en dégager des enseignements positifs ;

4º Par des Réunions d'étude et des Conférences, à Paris et en province ;

5º Par des Subventions à l'Enseignement de la Science sociale ;

6º Par des Bourses de voyage, ou Missions d'étude, en vue de faire des observations sociales en France et à l'étranger ;

7º Par une Rétribution aux meilleurs travaux d'études sociales.

Recrutement de la Société. — La Société comprend trois catégories de membres :

1º Les *Membres souscripteurs*, qui versent une cotisation de 6 fr. (7 fr. pour l'étranger). — Ils reçoivent, en échange, *Le Mouvement social ;*

2º Les *Membres titulaires*, qui versent une cotisation de 20 fr. (25 fr. pour l'étranger). — Ils reçoivent, en échange, outre le *Mouvement social*, la *Science sociale ;*

3º Les *Membres fondateurs de bourses.* — Les membres qui veulent bien souscrire pour une somme de 100 à 500 francs sont fondateurs de partie de bourse, ou de bourse entière. Ces bourses sont destinées à faire faire des voyages d'étude aux jeunes gens qui ont suivi avec le plus de succès l'Enseignement de la Science sociale.

On est admis, en adressant une demande au Secrétaire général :
8, Boulevard de Vaugirard, PARIS.